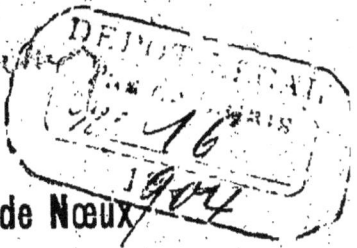

...hie des Mines de Vicoigne et de Nœux

RÈGLEMENTS

ET

CONSIGNES

relatives aux Explosifs

ET AUX

Mines à Grisou

DU

DÉPARTEMENT DU PAS-DE-CALAIS

N° 1794 - 250 - 10 - 03

IMPRIMERIE MODERNE D'ARRAS

Compagnie des Mines de Vicoigne et de Nœux

RÈGLEMENT GÉNÉRAL

SUR

L'EMPLOI DES EXPLOSIFS

dans les mines
du département du Pas-de-Calais

ART. 1ᵉʳ. — En outre et en exécution des pres-criptions stipulées par les Règlements relatifs aux substances explosives, et notamment par le décret du 23 Décembre 1901, la conservation et l'emploi à l'intérieur des mines des explosifs de toute nature sont soumis aux dispositions ci-après :

ART. 2. — On ne fera usage que d'explosifs, de mèches de sûreté, de détonateurs, d'exploseurs et de bourroirs fournis par l'exploitant.
Les bourroirs sont exclusivement en bois.

ART. 3. — Les explosifs détonants et les déto-nateurs ne doivent être confiés, pour le transport ou l'emploi, qu'à des surveillants ou à des ouvriers de choix désignés par l'exploitant.

ART. 4. — L'introduction des explosifs et des détonateurs dans la mine, qu'elle ait pour objet soit l'approvisionnement des dépôts souterrains, soit l'emploi immédiat par les ouvriers, soit la distribution à ceux-ci par des boutefeux ou des préposés, doit être effectuée conformément à une consigne spéciale arrêtée par l'exploitant, laquelle devra être affichée en permanence aux lieux habituels pour les avis à donner aux ouvriers. Cette consigne ne pourra être mise en application qu'après avoir été communiquée aux Ingénieurs des Mines et s'ils n'y ont pas fait d'opposition.

ART. 5. — Les explosifs ne seront délivrés et ne pourront être employés qu'à l'état de cartouches préparées à l'avance.

Il est interdit de couper les cartouches ou de les ouvrir pour en retirer l'explosif, mais on pourra en fendre l'enveloppe au moment de les employer.

Les cartouches de poudre seront confectionnées par des ouvriers spécialement désignés à cet effet, à la lumière du jour, en dehors des travaux et en dehors de la poudrière.

On ne donnera, chaque jour, que la quantité de cartouches nécessaire au travail de la journée.

Si des explosifs ou des détonateurs sont laissés au chantier, ils y seront conservés dans des conditions que fixe, s'il y a lieu, la consigne spéciale prévue à l'article précédent.

Il est interdit d'emporter des explosifs ou des détonateurs à domicile.

ART. 6. — Les cartouches seront placées dans des boîtes en bois, sacs ou étuis bien fermés. Il est interdit de mettre ensemble des explosifs de nature différente. Dans le chantier, les explosifs quels qu'ils soient doivent être conservés loin des lampes et de tous foyers, à l'abri de toute chute comme des éboulements, de l'explosion des coups de mine, de l'humidité et de tout choc violent.

Les amorces doivent être toujours séparées des cartouches, elles seront renfermées également dans des boîtes en bois, sacs en cuir ou étuis.

ART. 7. — Les précautions à prendre pour le chargement des coups de mine, le bourrage et l'allumage des coups de mine feront l'objet d'instructions spéciales données aux ouvriers par les porions et les chefs de poste.

ART. 8. — Les matières avec lesquelles est fait le bourrage ne doivent pas être mêlées à des poussières charbonneuses.

ART. 9. — Tout coup de mine bourré, qu'il ait été allumé ou non, ne doit pas être débourré.

ART. 10. — A défaut de l'emploi de l'électricité ou des amorces de friction, l'allumage des coups de mine se fait exclusivement au moyen de mèches dont la longueur, comptée depuis l'avant de la cartouche antérieure, sera d'au moins 0 m. 80.

ART. 11. — Aucun coup ne peut être tiré sans qu'on ait pris les mesures pour prévenir les ouvriers du voisinage qui pourraient être atteints par l'explosion et arrêter ceux qui s'approcheraient trop du chantier.

ART. 12. — Quand la température du chantier dépasse 30 degrés, la boîte renfermant les cartouches de dynamite devra être déposée dans une galerie moins chaude, et les cartouches ne seront apportées au chantier qu'au moment d'en faire usage.

ART. 13. — Il n'est distribué aux mineurs ni dynamite gelée, ni dynamite grasse, c'est-à-dire laissant exsuder la nitro-glycérine. Lorsqu'un ouvrier trouvera une cartouche gelée ou grasse, il la mettra en lieu sûr et fera prévenir le porion, surveillant ou boutefeu de son quartier qui prendra les mesures ci-après :

Les cartouches gelées seront dégelées, soit à l'extérieur de la mine, dans des vases spéciaux, au bain-marie simplement tiède, soit à l'intérieur de la mine dans des dépôts appropriés. Les cartouches grasses seront remontées au jour où elles devront être détruites par un agent spécial avec les soins nécessaires.

ART. 14. — Il est interdit de charger dans les mêmes trous de la poudre ordinaire et un autre explosif détonant.

ART. 15. — Les cartouches ne doivent être amorcées qu'au moment de leur emploi.

Toute cartouche amorcée et non utilisée devra être séparée de son amorce et mise en lieu sûr.

Si une cartouche de dynamite amorcée vient à geler avant d'avoir été employée, elle ne devra être désamorcée qu'après avoir été dégelée avec les précautions voulues.

Il est interdit d'introduire dans la charge d'autre cartouche amorcée que la cartouche amorce proprement dite qui doit être placée au-dessus de cette charge.

Toutefois, en cas d'emploi d'explosifs du type Favier, il est permis de placer la cartouche amorce en un point quelconque de la charge, sauf dans les quartiers classés grisouteux où le tir des mines ne se fait pas à l'électricité.

ART. 16. — Lorsqu'un coup de mine non tiré à l'électricité n'aura pas fait explosion, le chantier sera consigné pendant une durée d'une heure au moins.

Avis immédiat doit, d'ailleurs, en être donné au porion, surveillant ou boutefeu du quartier.

ART. 17. — L'emplacement des mines ratées sera marqué dans les conditions prévues par une consigne qui devra être communiquée aux Ingénieurs des Mines.

Les trous de mine faits en remplacement des coups ratés seront percés sur l'indication du porion, surveillant ou boutefeu du quartier qui donnera, s'il y a lieu, les instructions nécessaires aux ouvriers du poste suivant. Ils ne pourront être placés qu'à une distance du premier telle qu'il existe au moins 0 m. 20 d'intervalle entre l'ancienne charge et les nouveaux trous.

Lorsqu'un fond de trou restant d'un premier coup aura moins de 10 centimètres de longueur, un nouveau trou pourra être pratiqué jusqu'à 0 m. 05 de distance du premier, pourvu qu'il soit dirigé de manière à ne pas rencontrer le culot qui pourrait s'y trouver.

Ces distances doivent être augmentées en cas d'emploi de la dynamite, s'il y avait lieu de craindre que la nitro-glycérine se fut répandue dans la roche à travers les fissures.

Avant de procéder au chargement d'un coup foré dans les conditions prévues au premier alinéa, on doit nettoyer le chantier avec le plus grand soin et enlever les déblais aussi complètement que possible. L'enlèvement des déblais du second coup se fera avec les précautions propres à éviter la détonation de la dynamite qui aurait pu être projetée.

ART. 18. — Il est interdit d'approfondir les trous ayant fait canon ainsi que les fonds des trous restés intacts après l'explosion, d'en retirer les cartouches ou portions de cartouches non brûlées qui pourraient y être restées ou d'en entreprendre le curage. Exception est faite pour les culots ayant moins de 0 m. 10 de profondeur qui ont été chargés avec des explosifs du type Favier et qui ne contiennent pas d'explosif visible.

ART. 19. — Si une mine chargée à la poudre a fait canon, le mineur pourra recharger le même coup avec l'autorisation du porion ou surveillant du quartier, après que celui-ci se sera assuré qu'il ne reste dans le trou rien du premier chargement.

ART. 20. — Les coups chargés avec des explosifs détonants qui ont fait canon ou les fonds de trous chargés avec lesdits explosifs pourront être rechargés, sous la réserve que l'opération sera effectuée par des ouvriers expérimentés, sous une surveillance spéciale, après un intervalle d'une demi-heure au moins. Une boule d'argile grasse sera introduite au fond du trou et la nouvelle cartouche sera enfoncée très doucement, de manière à éviter tout choc.

ART. 21. — Dans le tirage à l'électricité, les boutefeux, chefs de poste et les ouvriers spéciaux auxquels sont confiés les exploseurs doivent toujours garder par devers eux les manivelles ou les clefs des cadenas qui en permettent le fonctionnement, de façon à n'en faire usage qu'eux-mêmes au moment précis où ils ont à tirer des mines.

ART. 22. — Lorsque dans un chantier, on tirera autrement qu'à l'électricité plusieurs coups de mine, on devra attendre une heure au moins après l'explosion du dernier coup pour revenir sur les mines, si l'on a des doutes sur le nombre de coups partis. Cette attente d'une heure sera obligatoire lorsque le nombre de coups de mine sera supérieur à quatre. On ne doit pas laisser, sans les tirer simultanément, un coup de mine chargé au voisinage d'un autre coup dont l'explosion pourrait enflammer le premier.

ART. 23. — Les dépôts d'explosifs seront séparés des locaux ou sont placés les générateurs d'électricité.

ART 24. — Le mot dynamite doit s'entendre, au sens du présent règlement, de tous les explosifs à base de nitro-glycérine.

ART. 25. — Des ordres de service, approuvés par le Préfet, pourront indiquer sous quelles conditions il pourra être dérogé aux articles 5 (paragraphe 2), 9 et 18.

ART. 26. — Le présent règlement doit être porté à la connaissance de tous les ouvriers et employés par un affichage permanent. Un extrait imprimé, contenant tout ce qui est relatif aux ouvriers, doit en être remis, contre reçu, à tout ouvrier pouvant avoir à manier, transporter ou employer des explosifs.

Vu et approuvé pour être annexé à notre arrêté de ce jour.

Arras, le 1er Avril 1903.

Le Préfet du Pas-de-Calais,

Signé : DURÉAULT.

CONSIGNE

RELATIVE

à l'introduction dans la mine,
ainsi qu'à la distribution et à la conservation
dans les chantiers

des détonateurs et des explosifs

I. — DÉTONATEURS

L'introduction dans la mine et la distribution au chantier des détonateurs sont faites par des préposés spéciaux qui ne doivent jamais avoir sur eux de dynamite et qui ne peuvent pas circuler par les cages en même temps que des boutefeux, chefs de poste ou ouvriers porteurs de dynamite.

Ces préposés effectuent le transport des détonateurs dans des boîtes, sacs en cuir ou étuis assujettis sur eux de façon à ne pas tomber en cours de route. Ils ont à leur disposition au fond un coffre fermant à clef pour y déposer après leur tournée de distribution les détonateurs qui leur restent et qu'ils doivent remonter après leur poste avec les mêmes précautions que celles indiquées pour la descente.

Au chantier, ils se font présenter la boîte, sac en cuir ou étui contenant des détonateurs ; ils ne distribuent ceux-ci aux ouvriers qu'en quantité strictement nécessaire pour le travail de la journée, étant tenu compte des restants.

Ils consigneront chaque jour sur un carnet le nombre de détonateurs par eux distribués à chaque chantier.

Dans les chantiers, les détonateurs sont conservés dans des boîtes, sacs en cuir ou étuis fermés, placés au moins à 5 mètres des explosifs, à l'abri de l'humidité et des chocs violents. Il est interdit aux ouvriers d'emporter du chantier des détonateurs sous quelque prétexte que ce soit.

Quand un chantier est abandonné ou terminé, l'ouvrier auquel ont été confiés des détonateurs remet sa boîte, sac en cuir ou étui au porion ou surveillant du quartier.

II. — DYNAMITE

1º CAS DE DISTRIBUTION AU FOND

A) Approvisionnements des locaux. — L'approvisionnement des locaux de dépôt ou de distribution aura lieu, sauf dérogations spéciales autorisées par le Préfet, entre la remonte des derniers ouvriers de la coupe du matin (ou éventuellement la descente des derniers ouvriers du poste du soir) et le commencement de la remonte des ouvriers du poste du soir ; ou bien entre la fin de la remonte des ouvriers du poste du soir et le commencement de la descente du poste du matin.

Les caisses de dynamite sont descendues dans

des berlines, sinon elles sont calées avec le plus grand soin sur le plancher de la cage.

Le chargeur à l'accrochage, prévenu par un signal spécial, devra faire évacuer l'accrochage par le personnel qui pourrait accidentellement s'y trouver.

Les caisses de dynamite arrivées à l'accrochage seront immédiatement transportées aux locaux de dépôt.

Depuis l'accrochage jusqu'aux locaux, les caisses sont accompagnées par un préposé spécial.

Ce préposé et les hommes chargés du transport ne peuvent s'éclairer qu'avec des lampes de sûreté ou des lanternes fermées.

Il leur est expressément interdit de fumer.

L'éclairage des locaux et de leurs abords jusqu'à une distance de dix mètres au moins devra être assuré uniquement avec des lampes de sûreté. Il est expressément interdit d'y fumer, d'y porter des pipes, du tabac à fumer, du papier à cigarettes, des allumettes ou tous autres engins et matières pouvant produire de la flamme.

B). Distribution de l'explosif uniquement à des boutefeux, chefs de bowette, etc... — Deux boutefeux, distributeurs ou préposés quelconques ne pourront jamais prendre d'explosifs en même temps dans un local.

Si, exceptionnellement, une circulation importante du personnel devait avoir lieu devant le local, le boutefeu, distributeur ou préposé n'y entrerait pas au moment du passage des ouvriers.

La remise des explosifs se fera en suivant les mêmes règles.

Le préposé à la surveillance du dépôt enregistre les entrées d'explosifs. Il note les noms des boute-feu ou assimilés auxquels il remet des explosifs ou qui en rapportent, ainsi que les sortes et quantités correspondantes.

C). Distribution de l'explosif aux ouvriers. — Ces opérations de la distribution et de la reprise des boîtes, sacs ou étuis des ouvriers, se feront dans un local de distribution distinct du local du dépôt où sera conservé l'explosif.

L'approvisionnement de ce local de distribution se fera avec les mêmes précautions que l'approvisionnement du local de dépôt.

La distribution de la main à la main des cartouches ou paquets de cartouches aux ouvriers est interdite. Leur provision journalière leur sera remise individuellement par un préposé spécial dans des boîtes, sacs ou étuis fermés, d'après les quantités et sortes portées sur le bon de taille et en tenant compte des restants. Ils devront se tenir à 10 mètres au moins du local. Une porte à guichet normalement fermée à clef marquera la limite de cette zône.

A la fin du poste, les cartouches inutilisées devront être restituées par les ouvriers sous la même forme audit préposé.

Le préposé tient un registre des explosifs donnant d'une part la consommation par taille ou par chantier, et d'autre part la situation journalière du dépôt par les entrées et les sorties.

2° CAS DE DISTRIBUTION AU JOUR

Le préposé ne doit entrer dans le local qu'avec une lampe de sûreté fermée. Il ne doit avoir avec lui ni allumettes, ni briquet, ni pipe, ni tabac.

La distribution de la main à la main des cartouches ou paquets de cartouches aux ouvriers est interdite. Les explosifs leur sont remis dans des boîtes, sacs ou étuis fermés, d'après les quantités et sortes portées sur le bon de taille et en tenant compte des restants.

Les ouvriers ne pénètrent pas dans le local. Il leur est expressément interdit de s'en approcher avec une lampe à feu nu ou en fumant.

Dans le transport par la cage et le trajet jusqu'aux chantiers, ils tiennent leur boîte, sac ou étui à l'abri des chocs et de leur lampe.

La remise des boîtes, sacs ou étuis après le poste se fait avec les mêmes précautions.

Le préposé tient un registre des explosifs donnant d'une part la consommation par taille ou par chantier, et d'autre part la situation journalière du dépôt par les entrées et les sorties.

3° CONSERVATION AUX CHANTIERS

Avant emploi de l'explosif, les boîtes, sacs ou étuis qui le contiennent sont placés dans un endroit sec, à l'abri des éboulements, des coups de mine et en général de tout choc violent.

Après le poste, les boîtes, sacs ou étuis avec les explosifs non utilisés sont rapportés au local de distribution du fond ou du jour.

Toutefois, la conservation des explosifs au chantier est autorisée pour certains travaux nominativement désignés par l'Ingénieur et comportant un emploi important d'explosifs, tels que bowettes ou ravals.

Malgré cette latitude, il ne doit être remis, à chacun des chefs de poste, que la quantité présumée nécessaire pour le travail du poste; cependant quand le travail se fait à trois postes, le chef de poste d'après-midi pourra recevoir la quantité d'explosifs présumée nécessaire pour le travail des deux postes, d'après-midi et de nuit.

La conservation des explosifs ainsi laissés au chantier se fait dans des niches ou dans des coffres ou caisses bien solides fermés à clef. Le coffre aux explosifs sera distant d'au moins 20 mètres du coffre aux capsules ; si ces coffres ne sont pas directement à l'abri des coups de mine, ils devront être placés à 100 mètres au moins des fronts. Les boutefeux ou agents chargés de distribuer la dynamite aux chantiers peuvent avoir dans chacun des quartiers qu'ils desservent un coffre, caisse ou récipient bien solide ou niche, fermé à clef et dans lequel ils déposent les cartouches avant leur distribution.

Dans des cas pleinement justifiés, soit par l'éloignement des quartiers, soit par les difficultés de la circulation, l'Ingénieur pourra autoriser les boutefeux ou agents chargés de distribuer la dynamite aux ouvriers, à enfermer après le poste dans des coffres ou une niche fermant à clef la dynamite non employée jusqu'à un maximum de 4 kilogrammes. Le coffre ou niche sera situé en dehors des voies principales de passage des ouvriers.

Dans ce cas, le boutefeu ou agent établira une fiche faisant connaître les sortes et quantités d'explosifs ainsi laissées dans son quartier. Cette fiche sera remise au préposé à la surveillance du dépôt et ses indications figureront dans le registre qu'il doit tenir.

Toute niche ou tout coffre dans lequel on entreposera l'explosif devra porter un écriteau apparent avec la mention : « Explosif ».

Il est nettement spécifié qu'à la fin de chaque quinzaine, le contenu de ces coffres ou niches secondaires doit être rapporté au local de dépôt, au fond ou au jour.

III. — EXPLOSIFS FAVIER

Les explosifs Favier sont complètement assimilés à la dynamite lorsqu'ils sont transportés avec elle et lorsqu'ils sont emmagasinés ou distribués dans le même local.

S'ils sont transportés, emmagasinés et distribués à part, ils sont soumis au même régime que la dynamite, mais avec les tolérances suivantes :

1° On peut choisir pour l'introduction des explosifs dans la mine une heure quelconque à la condition toutefois que toute circulation du personnel dans le puits soit interrompue ;

2° Les boutefeux, chefs de poste ou assimilés peuvent porter simultanément des explosifs et des détonateurs, mais dans des récipients distincts ;

3° L'organisation des locaux de distribution au fond ne comportera pas la zône de dix mètres prescrite pour la dynamite.

L'Ingénieur en Chef des Travaux du fond,

E. ROBINET.

CONSIGNE

Relative aux signes distinctifs

à placer sur les ratés, culots, etc...

Aussitôt que la présence d'une mine ratée est constatée dans un chantier, après observation des délais réglementaires, les boutefeux, chefs de poste et en général les ouvriers chargés du minage doivent en marquer sans retard l'emplacement au moyen d'une broche portant fixée sur la tête une croix bien visible formée par deux éclats de bois cloués ou pincés dans des entailles ad hoc.

Les ratés constituant d'ailleurs un danger permanent tant qu'ils subsistent, le forage des mines destinées à les faire disparaître est entrepris dans le plus bref délai possible, par les ouvriers chargés de ce soin.

Les mines ayant fait canon ou les culots de plus de dix centimètres de profondeur sont marqués d'une broche portant fixé sur la tête un simple éclat de bois cloué ou pincé dans une entaille.

Les broches seront placées à la main ; il est interdit de frapper dessus.

L'Ingénieur en Chef des Travaux du fond,

E. ROBINET.

RÈGLEMENT

sur les

MINES A GRISOU

ET SUR LES

MINES A POUSSIÈRES INFLAMMABLES

*Arrêtés préfectoraux des 24 Mars 1898,
28 Août 1900,
9 Avril et 29 Août 1903.*

SECTION I

Aérage et Dispositions générales

ARTICLE 1er. — En dehors de la période préparatoire, aucun travail ne peut être poursuivi dans une mine à grisou sans qu'elle ait au moins deux communications distinctes avec le jour, aménagées de manière à permettre la circulation des ouvriers occupés dans les divers chantiers de ladite mine.

Ces deux issues devront être situées et disposées de manière à ne pouvoir pas être compromises par un même accident qui surviendrait soit dans la mine soit à la surface. L'entrée et la sortie de l'air auront lieu par des puits ou galeries distincts.

ART. 2. — Toute mine à grisou doit être aérée par un moyen mécanique de ventilation.

ART. 3. — *Les mines à grisou* sont classées, sur l'avis des Ingénieurs des mines, l'exploitant entendu, comme *mines franchement grisouteuses* ou comme *mines faiblement grisouteuses*.

Ce classement est fait par siège d'extraction ou par quartiers indépendants, étant réputés quartiers indépendants ceux n'ayant de commun, au point de vue de l'aérage, que les voies principales d'entrée et de sortie d'air.

ART. 4. — § I. L'exploitation des *mines à grisou* se fera autant que possible par étages pris en descendant et de façon à éviter d'accumuler de vieux travaux dangereux sous des travaux en activité.

§ 2. Les mines importantes ou étendues seront divisées en quartiers indépendants.

§ 3. L'aérage doit être ascensionnel dans les chantiers. Toutefois, on pourra aérer au moyen d'un courant d'air descendant les ouvrages pris en gradins droits et un travail préparatoire, soit au rocher, soit au charbon.

On pourra même exceptionnellement user de cette faculté pour un travail quelconque, quand les conditions du gisement l'exigeront absolument, à condition d'en avertir préalablement les Ingénieurs des Mines.

Dans tous les cas, des dispositions spéciales seront prises pour assurer l'assainissement de ces travaux. Dans son ensemble, la circulation de l'air dans les retours doit être ascensionnelle.

§ 4. Excepté pour des travaux préparatoires ou

pour des cas exceptionnels, l'aérage ne peut avoir lieu par tuyaux ou canars.

ART. 5. — Toute *mine franchement grisouteuse* doit être munie de moyens de ventilation à air comprimé, ou de tous autres moyens mécaniques d'une efficacité équivalente, pour assurer l'aérage auxiliaire de travaux particuliers ou exceptionnels.

ART. 6. — Les dispositions nécessaires seront prises à la surface pour que du grisou sortant de la mine par le puits de retour d'air ne puisse s'enflammer à un foyer ou à une flamme du voisinage.

ART. 7. — Les *mines franchement grisouteuses* seront exploitées avec remblais complets, autant que les conditions de l'exploitation le permettront ; les galeries à abandonner devront être remblayées avant leur délaissement, toutes les fois que cela sera reconnu nécessaire.

Les *mines faiblement grisouteuses* pourront être exploitées par remblais partiels.

Les remblais devront être aussi imperméables à l'air que possible et serrés contre le toit.

Ils suivront le front de taille d'aussi près que possible, tout en évitant des vitesses de courant d'air excessives.

Les cloches se produisant dans les chantiers et aux toits des galeries seront entièrement et soigneusement remblayées ou convenablement aérées.

Les voies et les travaux abandonnés, ou arrêtés et non aérées, seront rendus inaccessibles aux ouvriers.

ART. 8. — § 1. Toute *mine franchement gri-souteuse* qui n'aura pas deux ventilateurs équiva-lents avec machine distincte, susceptibles chacun d'assurer l'aérage normal de la mine, aura, outre le ventilateur assurant l'aérage normal, un appa-reil mécanique de ventilation de nature à assurer la continuation de l'aérage et à permettre aux ou-vriers de sortir en toute sécurité en cas d'arrêt ac-cidentel du ventilateur; ce cas arrivant, on ne pourra maintenir dans la mine que le personnel jugé par l'ingénieur de la mine en rapport avec l'aérage restant.

Toutes mesures doivent être prises pour qu'en cas d'arrêt accidentel du ventilateur le second ven-tilateur ou l'appareil de secours soit aussitôt mis en marche.

§ 2. Dans les *mines faiblement grisouteuses*, le ventilateur ne peut être arrêté que sur l'ordre écrit et suivant les conditions fixées par l'ingé-nieur de la mine ; tout arrêt accidentel doit lui être immédiatement signalé, sans préjudice des me-sures que les chefs-porions ou porions auraient cru devoir prendre immédiatement pour assurer la sé-curité du personnel.

§ 3. En tout cas, lorsque la ventilation mécanique aura été arrêtée pendant un chômage de l'exploita-tion, la rentrée des ouvriers ne pourra avoir lieu que sur l'ordre et dans les conditions fixées par l'ingénieur de la mine.

ART. 9. — Le ventilateur sera établi, autant que possible, en un point et dans des conditions qui le mettent à l'abri en cas d'explosion.

ART. 10. — Tout ventilateur doit être muni d'un manomètre à eau et d'un appareil enregistrant automatiquement les dépressions ou surpressions.

ART. 11. — Tous les ouvrages souterrains accessibles aux ouvriers doivent être parcourus par un courant d'air suffisant pour déterminer l'assainissement et garantir contre tout danger provenant des gaz nuisibles et des fumées, dans les circonstances normales de l'exploitation.

Les travaux des étages dont l'exploitation est terminée ou abandonnée et qui pourraient occasionner du danger seront efficacement isolés des travaux en activité ou ventilés ; dans ce dernier cas, ils auront un retour d'air spécial soigneusement écarté de tout chantier ou de toute galerie actuellement fréquentée.

ART. 12. — Les puits et galeries servant au parcours de l'air doivent rester en bon état d'entretien et être facilement accessibles dans toutes leurs parties.

ART. 13. — Toute mine à grisou aura un plan d'aérage spécial tenu à jour, sur lequel seront indiquées la direction et la répartition des courants d'air, la situation de toutes les portes obstruantes ou à guichets, ainsi que les stations de jaugeage.

ART. 14. — Les travaux seront disposés de manière à réduire le nombre des portes pour diriger ou diviser le courant d'air.

Dans les galeries très fréquentées, on n'emploiera que des portes multiples convenablement espacées ;

des mesures seront prises pour que l'une au moins de ces portes soit toujours fermée.

Il en sera de même pour toute porte dont l'ouverture intempestive pourrait apporter des perturbations dans un ou plusieurs des courants d'air principaux.

Les portes doivent se refermer d'elles-mêmes.

Celles qui sont temporairement sans usage seront enlevées de leurs gonds.

Art. 15. — Le nombre des chantiers simultanément en activité sur un même courant d'air sera en rapport avec leur production, le volume d'air et le dégagement du grisou ; la teneur en grisou du retour d'air d'aucun chantier ne doit dépasser normalement 1,50 % pour les chantiers de traçage et 1,00 % pour les travaux de dépilage.

Art. 16. — Les jaugeages du courant d'air devront être effectués à des intervalles d'un mois au plus.

Ils devront être renouvelés dès que, par suite d'un nouveau percement, d'une modification dans les portes ou pour tout autre cause, il se sera produit ou il aura pu se produire une modification essentielle dans la direction, la distribution ou la répartition de quelqu'une des branches principales du courant d'air.

Les jaugeages seront faits à l'entrée et à la sortie de la mine, à l'origine et à l'extrémité de chacune des branches principales du courant d'air et immédiatement en avant et en arrière des chantiers ou groupes de chantiers.

Les jaugeages autres que ceux des tailles et chantiers seront effectués dans des stations à ce disposées.

Les résultats des jaugeages seront consignés, à leur date, sur le registre d'aérage.

ART. 17. — La teneur en grisou des retours d'air est relevée quotidiennement dans les *mines franchement grisouteuses* et au moins une fois par semaine dans les *mines faiblement grisouteuses*, au moyen d'un indicateur donnant des résultats immédiats. Ces résultats sont contrôlés, au moins une fois par mois, dans les mines franchement grisouteuses, au moyen d'un appareil de dosage. Les teneurs ainsi déterminées sont consignées à leur date sur un registre.

Toute *mine à grisou* devra avoir au moins deux indicateurs de grisou.

Les indicateurs doivent déceler une teneur d'un quart pour cent de gaz, et l'erreur sur la teneur indiquée ne doit pas dépasser 2 millièmes du volume total. Leur emploi ne doit pas exposer à des dangers plus sérieux que ceux pouvant résulter des types de lampes de sûreté agréés en vertu de l'article 25.

En particulier, aucun indicateur Chesneau ne sera maintenu en usage si ses données essentielles ne sont pas conformes à celles indiquées par l'annexe A, concernant les lampes grisoumétriques, annexée à la circulaire ministérielle du 8 Janvier 1903.

ART. 18. — Les *mines franchement grisou-*

teuses devront être visitées tous les jours, à la lampe de sûreté, avant la reprise du travail.

Dans les *mines faiblement grisouteuses*, cette visite pourra n'être faite que le lendemain des jours de chômage ou après une suspension de la ventilation.

Dans l'un et l'autre cas, la visite sera faite par un agent à ce désigné, dans les conditions fixées par une consigne.

Cette consigne indiquera, s'il y a lieu, les points d'arrêt que les ouvriers ne pourront franchir avant que la visite ait été effectuée.

Les résultats de la visite seront consignés dans des registres.

Les ouvriers sont tenus de rechercher la présence du grisou dans leur chantier, notamment au début du poste et à chaque reprise du travail.

ART. 19. — On devra porter sur le plan des travaux, en les distinguant les uns des autres, les barrages construits contre des feux et ceux faits pour fermer les vieux travaux ; on y distinguera les galeries et chantiers remblayés de ceux qui ne l'auraient pas été.

ART. 20. — Sauf pour l'exécution de travaux indispensables en cas de sauvetage ou de danger imminent, il est interdit de travailler, de circuler ou de séjourner dans les points de la mine où le grisou marque à la lampe.

Si, pendant leur travail, la flamme des lampes annonce la présence du grisou, les ouvriers sont tenus de se retirer en tenant la lampe près du sol, et ils doivent immédiatement prévenir un chef-porion ou un porion pour que les mesures néces-saires soient prises.

Dans les cas prévus au § Ier, les travaux ne pourront être exécutés que d'après les indications de l'Ingénieur responsable, par des ouvriers de choix, sous la surveillance et en la présence continue d'un préposé spécial, sous réserve des mesures urgentes que les chefs-porions ou po-rions auraient cru devoir prendre pour assurer la sécurité du personnel.

ART. 21. — Des mesures seront prises pour as-sainir tout chantier où la présence du grisou aura été signalée en quantité dangereuse. On se confor-mera pour cela aux prescriptions de l'article 23.

Jusqu'à ce qu'il ait été assaini, l'accès du chantier sera interdit par une fermeture effective.

En attendant que cette fermeture ait pu être posée, l'accès est interdit par deux bois placés en croix.

Nul, sans ordre spécial, en dehors des Ingénieurs, chefs-porions et porions, ne peut pénétrer dans un chantier interdit, ni toucher au dispositif de fer-meture ou d'interdiction.

ART. 22. — On doit faire précéder de sondages les chantiers dirigés vers d'anciens travaux ou vers des régions dans lesquelles on peut craindre des amas de grisou.

Dans le cas où le trou de sonde dénote à la lampe de sûreté la présence du grisou, les ouvriers arrêtent le travail, évacuent le chantier en plaçant à son entrée le signal d'interdiction et préviennent le chef-porion ou le porion.

ART. 23. — Les amas de grisou formés accidentellement ne doivent être dissipés qu'avec la plus grande prudence, et seulement lorsqu'on a la certitude de ne pas créer un danger sur le parcours de sortie. L'Ingénieur des travaux dirigera lui-même ces opérations ou déléguera un chef-porion ou porion pour les exécuter d'après les instructions qu'il devra lui donner.

Il est interdit de chercher à chasser le grisou en agitant des vêtements.

ART. 24. — Aucune modification ne peut être introduite dans les dispositions générales de l'aérage d'une mine sans la permission écrite du directeur des travaux ou de l'ingénieur.

Toutefois, en cas d'urgence, les chefs-porions et porions peuvent prendre les mesures immédiates nécessaires, en en référant de suite à l'Ingénieur.

Il est interdit de laisser ouverte une porte d'aérage non sortie de ses gonds et d'obstruer entièrement ou partiellement un courant d'air.

D'autre part, il est prescrit aux ouvriers d'avertir sans retard les porions et autres agents de la surveillance, s'ils s'aperçoivent d'un dérangement quelconque survenu à la ventilation ordinaire, d'un accident aux portes, gaînes ou cloisons d'aérage, enfin de toute infraction au règlement qui pourrait mettre la mine en danger.

SECTION II

Eclairage

ART. 25. — Il n'est fait usage, pour l'éclairage des mines à grisou, que des lampes de sûreté ci-après spécifiées :

Lampe type Mueseler à huile ou à essence,
Lampe type Marsaut à huile ou à essence,
Lampe type Fumat à huile ou à essence,
Lampe type Wolf à essence,

conformes aux types définis par les circulaires ministérielles des 25 Juillet 1895 et 9 Janvier 1903, ou de toute autre lampe dont le type et les conditions d'emploi auront été agréés par le Préfct.

L'emploi de rallumeurs intérieurs pour lampes de sûreté est autorisé dans les conditions spécifiées à l'annexe A de la circulaire ministérielle du 9 Janvier 1903.

Pour toutes les lampes à essence, le réservoir doit être garni d'ouate et le remplissage effectué de manière que la lampe remise à l'ouvrier ne laisse pas égoutter d'essence quand on la renverse ; la mêche peut être ronde ou plate.

L'emploi des lampes à feu nu est toléré dans la colonne des puits d'entrée d'air et aux recettes d'accrochage de ces puits.

ART. 26. — Les lampes de sûreté sont fournies et entretenues par l'exploitant.

Elles ne sont remises pour être employées et ne peuvent être employées que fermées de telle sorteque leur ouverture en service ne puisse avoir lieu sans rompre ou fausser tout ou partie des organes et sans en laisser des traces apparentes et aisément discernables.

Les modes de fermeture à employer pour satisfaire à ces conditions doivent être agréés par le Préfet.

ART. 27. — Chaque lampe porte un numéro distinct.

Avant la descente, la lampe est remise par le lampiste, et sous sa responsabilité, en parfait état, garnie, allumée et dûment fermée. Il ne doit délivrer aucune lampe à un homme en état d'ivresse.

Toute personne qui reçoit une lampe doit s'assurer qu'elle est complète et en bon état ; elle doit refuser celle qui ne paraît pas remplir ces conditions. Si on la trouve ouverte ou détériorée entre ses mains, elle sera considérée comme l'ayant ouverte ou détériorée elle-même.

Toute ouverture ou tentative d'ouverture est formellement interdite, sauf pour le rallumage dans les conditions prévues à l'article 30.

ART. 28. — Un contrôle, tenu à la lampisterie sous la responsabilité du lampiste, doit permettre de connaître le nom de toute personne descendue dans la mine et le numéro de la lampe qui lui a été remise.

ART. 29. — Un agent spécialement désigné vérifiera l'état de chaque lampe après la remise par le lampiste et avant l'entrée dans les travaux.

ART. 30. — Une lampe éteinte dans la mine doit être rallumée à la lampisterie du jour ; elle peut aussi être dans les travaux, soit échangée contre une lampe allumée, soit rallumée par un agent à ce autorisé, le tout dans les points et sous les conditions que fixera une consigne que l'exploitant transmettra aux Ingénieurs des Mines.

Inscription immédiate doit être faite de tout échange de lampe.

ART. 31. — Toute lampe détériorée pendant le travail ou dont le tamis viendrait à rougir doit être immédiatement éteinte et rapportée, pour être échangée dans les conditions indiquées à l'article précédent.

ART. 32. — Les lampes doivent être placées à l'abri des chocs qui pourraient détériorer les toiles métalliques ou briser les verres.

On doit éviter de les exposer à de forts courants d'air tels que ceux se produisant à l'orifice des gaînes et tuyaux d'aérage et aux interstices des portes.

On ne doit pas éteindre les lampes, quand besoin en est, en soufflant dessus ; on doit noyer la mèche ou étouffer la flamme avec précaution sous des vêtements.

Lorsqu'on doit évacuer un chantier à raison de l'envahissement du grisou, on se retirera sans précipitation en agitant la lampe le moins possible et en la tenant près du sol.

ART. 33. — Les lampes ne doivent jamais être

abandonnées dans les chantiers, même momenta-
nément.

ART. 34. — Au sortir de la mine, les lampes sont
remises au lampiste qui relève et signale les défec-
tuosités.

Quiconque ne rend pas au lampiste la lampe que
celui-ci lui a remise, le prévient des causes et conditions du changement.

SECTION III

Explosifs

ART. 35. — L'emploi de la poudre noire est interdit dans les mines à grisou.

Il ne peut y être fait usage que d'explosifs détonants qui devront satisfaire aux conditions suivantes :

1º Les produits de leur détonation ne contien-
dront aucun élément combustible, tel que hydro-
gène, oxyde de carbone, carbone solide ;

2º Leur température de détonation ne devra pas
être supérieure à 1.900º pour les explosifs employés
aux percements au rocher, ni à 1.500º pour ceux
employés dans les travaux en couche.

ART. 36. — Les explosifs détonants ne peuvent
être employés dans une mine à grisou que dans
les conditions fixées par des ordres écrits du Directeur ou de l'Ingénieur.

ART. 37. — Les matières avec lesquelles est fait le bourrage ne doivent pas être mêlées à des poussières charbonneuses.

Le bourrage sera fait avec soin de manière à éviter le débourrage ; la hauteur n'en sera pas inférieure à $0^m,20$ pour les premiers 100 grammes de la charge, avec addition de 5 centimètres pour chaque centaine de grammes ajoutée.

La charge totale d'un coup de mine ne devra pas dépasser 1 kilogramme d'explosifs.

Les bourroirs sont exclusivement en bois.

La détonation de la cartouche sera provoquée par une capsule fulminante assez énergique pour assurer la détonation de l'explosif même à l'air libre.

Les cartouches et les amorces doivent toujours être séparées. Elles sont tenues dans des boîtes en bois, étuis ou sacs distincts, isolés les uns des autres, et bien fermés.

ART. 38. — Des arrêtés préfectoraux toujours révocables rendus sur le rapport des Ingénieurs des Mines pourront autoriser, pour des travaux déterminés et sous les conditions qui seront stipulées dans ces arrêtés :

1° L'emploi d'explosifs détonants, autres que ceux désignés à l'article 35 ;

2° Des dérogations aux prescriptions de l'art. 37, relatives à la hauteur de bourrage et à la limitation de charge.

ART. 39. — L'allumage des coups ne peut être fait que par des boutefeux spéciaux non intéressés dans le travail du chantier. Ils devront faire bourrer la mine en leur présence et y mettre eux-mêmes le feu.

En cas de dispersion trop grande des chantiers, l'Ingénieur pourra désigner un ouvrier de choix pour faire fonction de boutefeu dans le chantier où il est occupé.

ART. 40. — L'allumage, s'il n'est pas fait à l'électricité, aura lieu par des moyens évitant la projection de flammèches. Dans les mines à grisou, l'allumage par l'amadou est interdit.

On ne se servira que de mèches fabriquées de manière à ne pas donner de projections latérales pendant la propagation du feu.

La longueur de la mèche, comptée depuis l'avant de la cartouche antérieure, sera d'au moins $0^m,80$, et son extrémité libre devra toujours être à $0^m,25$ au moins du plafond.

ART. 41. — Aucun coup de mine ne peut être allumé avant que le boutefeu ou l'ouvrier en faisant fonction n'ait constaté, par une visite minutieuse, l'absence de grisou dans le rayon où sa présence pourrait être dangereuse.

Cette visite doit être faite immédiatement avant l'allumage de chaque coup ou le tir de chaque volée.

Il est interdit :

1° De tirer aucun coup de mine dans une région sèche et poussiéreuse, avant d'avoir soigneusement humecté le sol ou enlevé les poussières dans

le rayon du voisinage où le coup serait suscep-
tible de les soulever ;

2° De jamais allumer plusieurs mines à la fois
dans un chantier poussiéreux. On doit attendre
que les poussières soulevées par l'explosion d'une
mine soient tombées avant de mettre le feu à la
suivante.

SECTION IV

Dispositions diverses

ART. 42. — Dans les mines à poussières inflam-
mables, l'emploi des explosifs pour les travaux au
charbon est soumis aux dispositions des articles
35 à 41.

ART. 43. — Le travail des chantiers ou galeries
dans lesquels on a lieu de craindre des dégage-
ments instantanés de grisou est conduit dans les
conditions que fixe une consigne approuvée par le
Préfet.

En tout cas, le retour d'air de ces chantiers ne
devra pas passer par d'autres chantiers en exploitation ou par des voies servant normalement au
roulage ou à la circulation.

ART. 44. — En cas de feux, on devra prendre les
mesures nécessaires pour éviter que, dans aucun
cas, un courant d'air chargé de grisou en proportion
dangereuse vienne en contact du front des barrages établis pour circonscrire les feux.

ART. 45. — Toute mine à feux doit être munie d'une canalisation d'eau sous pression qui permette de les combattre immédiatement.

ART. 46 — Il est interdit de fumer dans les mines à grisou et d'y porter des pipes, du tabac à fumer, du papier à cigarettes, des allumettes ou tous autres engins et matières pouvant produire de la flamme, ainsi que tout outil pouvant servir à ouvrir indûment les lampes.

Pour constater l'observation de ces prescriptions, les chefs-porions, porions et agents assermentés sont autorisés à visiter les vêtements, paniers et sacs des ouvriers, sans que ceux-ci puissent s'y opposer.

ART. 47. — Il est interdit aux ouvriers de parcourir, sans permission spéciale, d'autres voies que celles qu'ils ont à suivre pour se rendre à leur chantier et en revenir ou pour exécuter leur travail.

ART. 48. — Il est interdit de faire travailler seul un ouvrier dans des points où, en cas d'accident, il n'aurait pas à bref délai quelqu'un pour le secourir.

ART. 49. — Aucune personne étrangère au service ne doit pénétrer dans la mine sans la permission de l'exploitant qui la fait accompagner.

ART. 50. — Le présent règlement doit être porté à la connaissance de tous les employés et ouvriers par un affichage permanent. Un extrait imprimé, contenant tout ce qui est relatif aux ouvriers, doit en être remis par l'exploitant, contre reçu, à tout ouvrier, lors de l'embauchage.

L'exploitant doit adresser aux Ingénieurs des Mines les règlements, consignes et instructions que mentionnent les articles précédents.

Les ouvriers sont tenus de se conformer aux prescriptions dudit règlement ainsi qu'aux ordres qui leur seraient donnés par le Directeur, les Ingénieurs, chefs-porions, porions et surveillants, en vue d'assurer la sécurité du personnel.

Le Préfet du Pas-de-Calais,

ALAPETITE.

CONSIGNE

RELATIVE

à l'emploi des explosifs détonants

dans les mines à grisou.

———⇒———

Les boutefeux et les ouvriers en faisant fonctions, aux termes de l'article 39 du règlement sur les mines à grisou, sont seuls chargés de l'emploi des explosifs. En descendant dans la mine, chacun d'eux doit être porteur d'un bulletin visé par l'Ingénieur, indiquant les chantiers dans lesquels il est autorisé à employer les explosifs durant son poste.

Le boutefeu ne fera sauter la mine que s'il a fait, relativement au grisou et aux poussières, la visite réglementaire prévue par l'article 41 du règlement, visite qui devra s'étendre jusqu'à 15 mètres, au moins, du point où la mine est placée.

Il suivra à la lettre les prescriptions du règlement sur le grisou et sur l'emploi de la dynamite.

Il proportionnera la charge de la mine au travail à faire, de façon à éviter les mines faisant canon ; il refusera de charger les mines dont la profondeur serait insuffisante pour permettre un bourrage efficace.

L'emploi des explosifs sans bourrage, c'est-à-dire autrement que dans un trou de mine et avec la longueur de bourrage réglementaire, est absolument interdit.

Avant de charger une mine, le boutefeu s'assurera que le trou ne dégage pas de grisou. S'il en dégage, il ne chargera pas la mine et en référera à ses chefs.

L'Ingénieur en Chef des Travaux du fond,

E. ROBINET.

CONSIGNE

RELATIVE

à la visite pour le Grisou

Les agents spécialement désignés pour la visite de la mine, avant la reprise du travail, recherchent la présence du grisou, et interdisent aux ouvriers l'entrée des chantiers contaminés. Ils portent surtout leur attention sur les points où l'aérage est le moins actif et où le grisou peut s'accumuler, tel qu'aux toits des galeries, aux coupures des tailles, aux cloches, cassures et relais de toit, aux fronts des montages, particulièrement dans les travaux préparatoires et en cul-de-sac et ceux qui sont aérés par canars, ventilateurs secondaires ou air comprimé.

Pour ces recherches, ils sont munis d'une lampe de sûreté ordinaire.

Si, dans leur visite, ils constatent le grisou en quantité non inquiétante, ils essaient de le chasser avec les moyens simples dont ils disposent, mais sans jamais agiter des vêtements. S'ils n'y parviennent pas, ils indiquent sa présence par de petites croix en bois clouées au boisage.

Si le grisou est en quantité dangereuse, ils ne chercheront pas à le chasser et interdiront le chantier ou la galerie, à toutes les issues et à une distance suffisante, par deux bois mis en croix. Ils avertiront, le plus rapidement possible, le porion, le chef-porion et l'Ingénieur pour que la fermeture prescrite par l'article 21 du règlement général soit installée sans retard, en attendant que l'amas de gaz puisse être dissipé conformément aux prescriptions de l'article 23 du même règlement.

Ils doivent, dans tous les cas, se rencontrer avec le porion du matin et lui rendre compte du résultat de leur visite et des mesures qu'ils ont prises.

Avant de quitter la mine, ils doivent, autant que possible, rendre compte de leur visite au chef porion et, en tout cas, faire un rapport écrit indiquant les points où ils ont rencontré du grisou, la quantité de grisou constatée et les mesures prises pour le faire disparaître.

L'Ingénieur en Chef des Travaux du fond,

E. ROBINET.

CONSIGNE

RELATIVE

au rallumage des lampes de sûreté

———— ✳ ————

Le rallumage des lampes au fond est interdit.

Les lampes éteintes en cours de travail peuvent être échangées contre des lampes allumées par l'intermédiaire de porteurs de feu spécialement désignés.

Ces porteurs de feu doivent être munis d'un carnet sur lequel ils notent les numéros des lampes éteintes qu'ils reçoivent et des lampes allumées qu'ils délivrent, ainsi que les noms et prénoms des ouvriers. Ils remettent ce calepin au chef-lampiste à la remonte et le reprennent le lendemain à la descente.

Des provisions de lampes allumées sont, en outre, mises à la disposition des ouvriers en certains points de la fosse. Elles sont enfermées dans une niche fermée à clef et placée sous la surveillance d'un ouvrier spécialement désigné, qui a seul la clef et est seul autorisé à faire des échanges.

Les numéros des lampes allumées doivent toujours être inscrits à la craie au-dessus de chaque lampe, par les soins du porteur de feu qui les place.

Lors de chaque échange, le préposé du dépôt doit

accrocher la lampe éteinte à la place de la lampe allumée qu'il délivre et inscrire en-dessous à la craie le nom de l'ouvrier.

Le porteur de feu, en renouvelant la provision de lampes allumées, doit relever sur son calepin les numéros des lampes échangées et les noms des ouvriers, puis effacer les inscriptions relevées et inscrire les numéros des nouvelles lampes qu'il laisse au dépôt.

L'Ingénieur en Chef des Travaux du fond,

E. ROBINET.

Imprimerie Moderne d'Arras, 7, place du Wetz-d'Amain.

www.ingramcontent.com/pod-product-compliance
Lightning Source LLC
Chambersburg PA
CBHW071758200326
41520CB00013BA/3303